Mein 2. Geburtstag

Erzählt von Antonie Schneider
Gemalt von Julia Wittkamp

Ravensburger Buchverlag

für:

von:

Hier kannst du ein Bild
von deinem Geburtstag einkleben.

Herzlichen Glückwunsch!

Ich wünsch dir all das Beste,
so viel der Baum hat Äste.
Ich wünsch dir so viel Glück und Segen,
als Tröpflein, die vom Himmel regnen.

(Volksweise)

Mama öffnet leise die Tür.
„Guten Morgen, Felix!“,
ruft Mama.
„Zum Geburtstag viel Glück!“
Sie breitet die Arme aus
und umarmt Felix.

Felix
Paula
Valentin

Papa bringt den Geburtstagskuchen.
„Du bist jetzt zwei Jahre“, sagt Papa.

„Zwei!“, wiederholt Felix.
Stolz bläst Felix die Geburtstagskerzen aus.

Mama bringt ein Geschenk.
Alle schauen auf Felix. Er zieht an der Schlaufe.

Lisa

„Auto!“, ruft Felix
und klatscht in die Hände.

Felix steigt ein.
Schon fährt er los –
langsam, schneller,
immer schneller.
Bis ins Wohnzimmer.

„Achtung!", ruft Papa.
Felix bremst. Felix hupt: „Tuut-Tuut!"
Er dreht die Kurve.
„Wo ist dein kleines Zebra?", fragt Papa.

Erschrocken hält Felix an
und nimmt das kleine Zebra in den Arm.
„Kurvenfahren will gelernt sein!“, lacht Mama.

Dann essen sie den Geburtstagskuchen.
„Wie groß unser Felix schon ist“, sagt Mama.

Die Schreibweise entspricht den Regeln
der neuen Rechtschreibung.

1 2 3 4 01 00 99 98

Printed in Germany
ISBN 3-473-33206-2